LA RÉVOLUTION

LES RÉACTIONNAIRES

ET

L'INCONNU

PAR

Théophore BUDAILLE

> Ce n'est pas pour moi que je cherche la vérité, c'est pour tous !
>
> La révolution seule peut sauver l'humanité et faire le bonheur des peuples.

Prix : 50 centimes

PARIS

A LA LIBRAIRIE LE CHEVALIER, 61, RUE DE RICHELIEU

ET

CHEZ TOUS LES LIBRAIRES

—

Mai 1869

LA RÉVOLUTION

LES RÉACTIONNAIRES

ET L'INCONNU

PAR THÉOPHORE BUDAILLE.

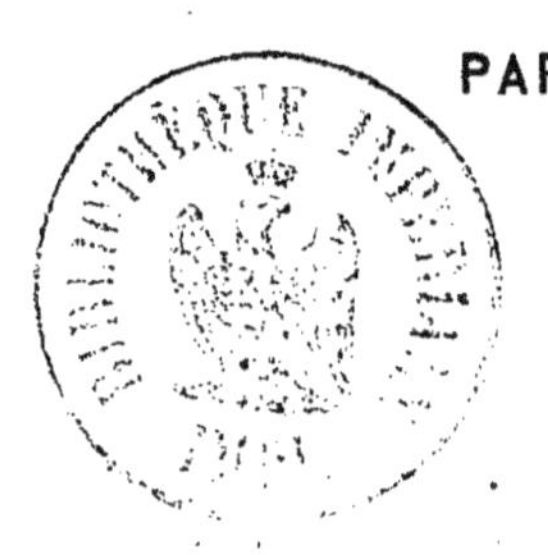

I.

La Révolution, c'est le mot magique qui réveille les peuples et les appelle à la vie. C'est le mot qui fait trembler les tyrans et les traîtres, qui fait embrasser les nations, épouvantant leurs maîtres.

C'est ce mot et cette idée qui font battre les mains des ci-toyens qui écoutent, qui électrisent et inspirent les citoyens qui parlent.

Dès qu'ils ont été annoncés, dès qu'ils sont pressentis même, dans un discours, une communion intime s'établit entre l'ora-teur et son auditoire.

Qui aime ce nom, est révolutionnaire. Qui le craint, est réac-tionnaire.

Si tous nous aimions la Révolution, il n'y aurait pas de réac-tionnaires.

Les réactionnaires sont ceux qui détestent la Révolution, ceux qui la craignent, et aussi, et surtout, ceux qui veulent porter sur elle une main téméraire, osant la vouloir guider. Ceux-ci s'appellent tantôt des avancés, des radicaux et finissent par être des Girondins ou réactionnaires.

Avancés ou radicaux, quand ils se postent pour guetter la

Révolution au passage ; Girondins, dès qu'elle les dépasse ou les emporte.

Ils peuvent devenir des tyrans !.,.

Notre but èst de définir la Révolution et de démasquer les réactionnaires conscients ou inconscients.

La Révolution n'est ni un accident ni une idée. C'est l'état normal d'une société. C'est l'ordre et l'harmonie, le mouvement régulier, parfait.

Si les hommes timides, ignorants ou.intéressés se sont fait un fantôme de la Révolution, c'est parce qu'ils la confondent avec une commotion, un ébranlement produit par un effort de la Révolution elle-même pour reprendre sa marche enrayée par la réaction, par la tyrannie.

Ils appellent Révolutions, les commotions, les accidents sociaux de **1789**, de **1830** et de **1848**. Ils se trompent : la Révolution n'a ni date ni époque ; elle est continue, sans trève, ni relâche ; elle peut ralentir sa marche devant un obstacle factice, mais elle finit toujours par renverser l'obstacle.

Les hommes disent alors : c'est une Révolution. **Non,** ce n'est qu'un accident.

Depuis bien longtemps une partie des hommes est constamment occupée à semer sa route d'obstacles, que l'autre partie s'efforce de détruire.

C'est l'Anarchie.

II.

La Révolution ne peut s'appeler politique : il n'y a jamais eu et il n'y aura jamais de Révolution politique.

Quand un peuple modifié, transforme ou change son gouvernement, c'est un pur accident sans portée réelle qui est du domaine de la Liberté, étranger tout à fait à celui de la Révolution.

La Révolution est purement sociale, ou, pour mieux dire, c'est la Révolution.

III.

La Révolution, l'Ordre et la Justice règnent dans une société quand tous les citoyens ont des droits et des devoirs en rapport avec leurs facultés et qu'ils peuvent satisfaire à tous leurs besoins.

Les droits naissent des besoins, les devoirs découlent des uns et des autres et sont en raison directe des facultés de l'Individu.

Dès qu'une société conserve des citoyens qui ont des devoirs et des droits excédant leurs facultés (1), elle est sur la voie de l'anarchie, et bientôt elle aura des membres ayant des facultés inutiles par suite d'insuffisance de droits et de devoirs.

Les premiers seront naturellement des réactionnaires ou conservateurs, c'est-à-dire opposés par intérêt à la marche régulière de la Révolution. Les seconds devront par devoir imprescriptible être des révolutionnaires intéressés à l'ordre et à la régularité.

Dans cette simple considération est toute la Révolution, toute l'histoire des luttes sociales.

Le citoyen révolutionnaire est un honnête homme ; le réacnaire ne peut l'être.

IV.

Ce n'est pas la tyrannie qui engendra le désordre et l'anarchie ; ce furent les réactionnaires, qui finirent par inventer la royauté (2).

La principale mission d'un despote fut toujours de dompter la Révolution, qui toujours, comme sa nature l'y pousse, s'efforça de prendre la marche régulière.

Ce qui fut cause que les commotions révolutionnaires renversaient d'abord le despotisme et les institutions politiques ; mais s'arrêtant toujours à cet acte sans avoir pu encore rétablir cet ordre social, cet équilibre depuis si longtemps rompu.

C'est pourquoi nous disons aujourd'hui « Révolution so-

(1) Il faut leur couper la tête dirait un réactionnaire : « Il faut qu'ils abandonnent les droits et les devoirs excédants, dit la Révolution. »

(2) Voir : *Révolution française*, par Louis Blanc, § XII, page 153.

ciale. » Nous avons reconnu que l'élément, le domaine de la Révolution est dans la société elle-même et non dans les gouvernements ou les choses politiques, qui, soyez-en bien convaincus, sont dans la main des sociétés comme les sociétés sont dans celles de la Révolution.

V.

Les formidables commotions de 89 et de 93, ces gigantesques efforts de la Révolution, furent anéantis par les hommes qui auraient pu les diriger, les suivre au moins.

Non, des partis, des groupes s'emparaient du mouvement révolutionnaire, et, croyant l'arrêter, ils furent broyés. Les révolutionnaires naturels, c'est-à-dire les hommes qui avaient moins de droits et de devoirs que de facultés, pouvaient seuls terminer la crise et rétablir l'harmonie en prenant dans l'ordre social des droits et des devoirs.

Les guerres de la République, le Directoire et l'Empire, les en empêchèrent. La Restauration comprima encore la Révolution.

Vint 1830.....

Les réactionnaires se hâtèrent de museler la Révolution, et les révolutionnaires durent ajourner la reprise de leurs droits jusqu'à 1848.

Le peuple crut enfin que la Révolution était libre. Les airs retentirent de la belle triade :

Liberté, Egalité, Fraternité.

Une grande assemblée d'hommes, venus de tous les coins du pays, saluèrent la Révolution au cri de : Vive la Liberté.

Le peuple remit le soin de ces droits à l'assemblée, qui les méconnut. Ces hommes étaient ignorants et réactionnaires. Suivirent les journées de juin, qui tuèrent des citoyens et ne changèrent rien; personne ne vit la Révolution, personne ne la comprit. Elle épouvanta ces malheureux députés à chair de poule et à tête folle. Ils ne virent pas d'autre moyen de l'aider qu'en la comprimant.

Un parti puissant lui prépara une embûche, une chausse-trape immense et profonde que tous les réactionnaires se hâtèrent de creuser, et la pauvre Révolution y fit une chute épouvantable.

Le temps a comblé la fosse et la Révolution est debout, grande et forte, prête à s'élancer.

Tous les réactionnaires sont en alarmes; le peuple veille, et avec lui les cœurs généreux et intelligents.

Les réactionnaires balbutient : « Liberté. »

Le peuple chante : « Révolution. »

VI.

On est conduit par ce résumé à se demander comment il a été possible aux sociétés de traverser tant de siècles avec cette marche fausse et comprimée de la Révolution, celle-ci étant d'ordre naturel.

Mais pour peu qu'on observe, on voit que les hommes qui manquaient de droits, ne pouvant subvenir à leurs besoins, mouraient en grand nombre. L'équilibre se faisait par la peste, la guerre ou la famine; à chaque période de quinze ou vingt ans, les populations étaient fatalement décimées.

Les maux de l'humanité opéraient sur le peuple, abattu et usé; comme le révolutionnaire, Marat voulait opérer sur les réactionnaires avec la guillotine.

Insensé est celui qui croirait que ces moyens violents puissent aider la Révolution. Ils n'ont jamais servi que la réaction.

Depuis quelques années certains réformateurs ou prétendus tels ont cru pouvoir *arrêter la révolution*, c'est-à-dire rendre impossible toute commotion en introduisant dans nos institutions et nos mœurs l'affreuse législation anglaise... « Heureuse Angleterre, heureux pays digne de la liberté et la possédant! »

L'Angleterre est la terre promise des réactionnaires, le pays privilégié par excellence de l'exploitation de l'homme par l'homme, et on ose le vanter.

A quoi bon!...

Nous savons ce qui se passe au-delà de la Manche; ceux que nous aimons, qui sont nos frères en Révolution, ceux qui n'ont plus ni droits ni devoirs, meurent dans les prisons, dans les hospices, dans les maisons de travail, prisons déguisées, honteuses à l'humanité, stigmates ignobles qui maculent au front la *libre* Angleterre ; ils languissent loin de la patrie déportés, où ils vont, abandonnant la terre qui les vit naître, coloniser, peupler les continents nouveaux.

Les réactionnaires n'ont rien de mieux à faire que de nous doter de ces choses magnifiques ; mais qu'ils aient soin de montrer aux révolutionnaires l'Algérie à pleupler, la Cochinchine à coloniser, l'Océanie à *conquérir sur les eaux du* Pacifique. Qu'ils adressent de ferventes oraisons au ciel quand la besogne languira pour qu'il daigne envoyer à point nommé, comme en 1832, un énergique choléra pour pratiquer une forte saignée, ou une guerre de Crimée, d'Italie, etc., etc.

Nous le savons à n'en plus douter, les conservateurs ont intérêt à ce que les sociétés reçoivent des châtiments du *Père Céleste* de temps en temps.

Ne vaut-il pas mieux en effet que ces malheureux citoyens qui n'ont ni droits ni devoirs meurent plutôt que de faire trembler par les accents de leurs justes revendications d'honnêtes gens satisfaits !...

« Que deviendrions-nous, bon Dieu, écrivait dernièrement le célèbre C.......... dans *le P*......, si l'humanité multipliait à l'infini, s'agitant autour de l'*Auge fraternelle* !

Peut-on avouer plus brutalement la peur de se voir enlever sa proie ? La théorie réactionnaire est là tout entière.

Egoïsme et ignorance, voracité gloutonne, tout ce que l'humanité a de bas et de vile, imprègne la caste réactionnaire.

Ils ont peur que la terre ne puisse leur fournir la pâture.

Calculez donc, comptez les hommes valides qui produisent, comptez les malades, les détenus, les oisifs, ceux qui chaument ; les femmes qui en grand nombre dépensent beaucoup sans rien pouvoir produire, soyez intelligents et justes et surtout ne soyez pas peureux, réactionnaires trembleurs et vous comprendrez vite que la liberté et l'égalité dans les droits et les devoirs doubleront la production. *L'auge fraternelle* verra doubler la provende et vous aurez deux proies au lieu d'une.

Peut-être ne pouvez-vous comprendre que vous n'êtes repus que lorsque vous entendez les révolutionnaires crier : j'ai faim. Alors vous réveillant de votre léthargique digestion vous vous passez doucement la main sur l'estòmac en pensant que vous avez bien dîné. Peut-être même pensez-vous que si les révolutionnaires avaient dîné aussi, vous-même seriez obligé de crier : j'ai faim.

Non, cessez d'être les ridicules jouets de la peur. Il n'y a des malheureux que par la faute de l'organisation sociale qui laisse des facultés, nombreuses, fortes, riches et précieuses, sans devoirs à remplir, sans droits à excercer.

Quant à voir fourmiller l'espèce humaine je sais que vous le craignez, je sais que vous maudissez la fécondité de la famille indigente. Je ne devrais pas vous éclairer sur ce point. Il vaudrait mieux vous sommer de le dire, de le déclarer publiquement, de le discuter dans vos journaux, mais vous ne l'oseriez... J'ai pitié de vous... J'ai déclaré la guerre à la peur... à toutes les peurs... même à la vôtre, la plus lâche de toutes...! Vous avez peur que la terre vous manque... que la curée vous fasse défaut.

C'est votre ignorance et votre égoïsme qui vous trompent... aussi je vous plains plus que je ne vous maudis...! Pourtant je ris un peu de votre air piteux.

Sachez donc une chose, qu'une ménagère des champs vous affirmerait mieux que moi encore.

Les poules grasses ne pondent pas.

La genisse surchargée d'embonpoint ne peut être fécondée.

La terre trop engraissée donne une récolte où le grain manque.

Ce qui vous prouve, et ce qu'il est une honte pour vous d'ignorer, que partout et en tout la nature se corrige.

La fécondité dans une certaine mesure est en raison inverse du bien être. Ne voyez-vous pas les familles, les races heureuses s'éteindre en une ou deux générations, ne les voyez vous pas frappées d'infécondité, tandis que le travailleur voit sa table entourée de légions d'enfants.

La science ne vous montre-t-elle pas des contrées désertes à peupler, des continents qui conquèrent les océans longtemps avant qu'un peuple ne soit là pour les habiter. Suivez Gustave Lambert derrière les glaces du pôle, il vous donnera un nouveau monde. Visitez l'Océan Pacifique, vous y verrez pousser et grandir le plus grand des continents qui sort des ondes immenses.

Et chez nous que de déserts encore!... que de champs en

friches... Que de demeures à embellir... que de meubles à construire... que de vêtements à tisser, que de routes à tracer... Que de bonheur à conquérir.

Moins de maladies, moins de chaumage, plus d'ardeur au travail, plus de profits au travailleur, et la terre s'embellira, le peuple sera heureux, il chantera; il aimera la vie; il ne vous fera plus peur.

Et vous excellentes gens vous digérerez sans trembler. Vous n'aurez plus besoin pour apprécier les qualités du vin de voir vos semblables boire de l'eau; pour être certains que la perdrix est un fin gibier, il ne sera pas nécessaire que vous voyiez le casseur de pierres dîner d'une croute de pain sec.

Alors, mais alors seulement, il vous sera donné de comprendre que la fraternité existe ailleurs qu'autour *d'une auge,* vous dormirez en paix sans songer que le tricorne vous protége, vous n'aurez plus besoin qu'un prêtre tranquillise votre conscience peureuse et trembleuse. Vous ne souhaiterez plus que les prisons et les bagnes vous protégent contre les affamés.

Vous serez heureux.,.!

Si vous ne l'avez pas mérité... vous l'avez à coup sûr gagné à force de trembler.

Depuis que la peur vous saisit devant la Bastille aux mains du peuple. Depuis que la lecture de la prose de Marat vous donna l'indigestion chronique. Depuis que l'affolement vous poussa les uns après les autres sous le couteau de la guillotine; que la terreur vous porta vers tous les excès et toutes les cocasseries, toutes les trahisons, toutes les hontes, tous les mensonges, toutes les lâchetés. Vous avez bien souffert...!

Le peuple souverain veut dans sa clémence avoir pitié de vous... Il vous dit n'ayez donc plus peur... Buvez, mangez, engraissez vous à point, mais de grâce reposez-vous, dormez et laissez marcher la sainte Révolution; place... place au peuple souverain, place aux révolutionnaires.

Vos périodes et vos discours, pas plus que votre tyrannie, ne valent à l'humanité un coup de bêche ou la trace que la charrue laisse derrière le bœuf inconscient.

Au silence donc, libéraux et libérâtres, ne cherchez plus à nous anglomaniser. Quoi, c'est au pays qui fit 93 que vous osez montrer la terre des lords et des cadets...

Nous vous répondons :

Egalité.

Vous nous offrez les luttes parlementaires.

Nous préférons ressusciter les chants des troubadours et chanter la fraternité.

La Révolution nous donnera des droits et des devoirs suivant nos facultés, ce qui revient à dire à tous et pour tous des droits et des devoirs égaux.

Toute notre harangue à nous, et la seule que nous voulions entendre : c'est, Révolution, encore la Révolution, toujours la Révolution.

VII.

La Révolution ne veut pas de sang versé. Les révolutionnaires sont grands, justes et dignes, la réaction seule est sanguinaire. Ce n'est pas le peuple qui guillotina ou massacra en 93, ce furent ceux qui avaient peur du peuple.

Les révolutionnaires mouraient dans les rues en défendant leurs droits, c'était leur devoir ; ils mouraient en criant vive la liberté sur les champs de bataille, ils défendaient la patrie contre les réactionnaires de l'extérieur, c'était aussi leur devoir.

Le peuple veut des droits et des devoirs. Tous ses droits et tous ses devoirs, non du sang.

A quoi bon... !

VIII.

Qui dit Révolution, dit justice. Quand la justice règne, nul homme n'a le droit d'exploiter son frère.

Ce qu'un travailleur a gagné lui appartient, prendre une partie de son gain est une injustice.

La Révolution supprime l'exploitation des individus.

IX.

O vous à qui apparaît lumineuse l'aurore de la Révolution triomphante encore, ô vous les combattants de la Liberté, pourquoi voulez-vous imiter les réactionnaires qui voient leur impuissance, pourquoi tendre un filet pour saisir cette belle régénératrice à son matin?

Soyez à ses ordres, marchez à son signal et vous êtes des révolutionnaires· Si vous portez la main sur elle vous êtes des réactionnaires.

Surtout ne confondez pas les droits avec les devoirs : Un peuple a le droit de faire et de const'tuer son gouvernement comme il lui plaît, comme il l'entend, de se donner des institutions, de les transformer et de les changer quand il lui agrée, mais il n'a pas le droit de toucher à la Révolution.

Qui est l'harmonie constante et régulière des droits et des devoirs.

La Révolution échappe au peuple et le peuple est tout entier à la Révolution, de même que le peuple échappe au gouvernement et que le gouvernement est tout entier dans les mains du peuple.

Le gouvernement quel qu'il soit est au peuple, et tous les *Isnard* du monde ne peuvent le soustraire à l'obéissance qu'il doit au peuple et à la Révolution, aux lois enfin que le peuple fait et consent.

Quand un peuple délègue des mandataires, il doit leur dicter sa volonté, et dès qu'ils s'en écartent, il doit les révoquer à peine de forfaiture à la Révolution.

Un peuple qui méconnaît de tels axiomes tombe en servitude. Il est lâche alors; mais quand la Révolution lui fait entendre sa voix, il doit lui obéir et reconquérir ses droits.

Les droits des peuples sont naturels et imprescriptibles.

X.

Le premier de tous les droits est la liberté. Le premier de tous les devoirs est la garde de la liberté. Qui ergote sur le mot ne comprend pas la chose ou il ne la comprend que pour lui. C'est inutile de dire « liberté sociale. Nous n'avons que des devoirs sociaux, la liberté de chacun donne l'égalité de tous et la conservation de l'une et de l'autre n'est possible que par la fraternité.

Liberté, égalité, fraternité est le labarum sacré de la Révolution.

Qui le nie est ou veut devenir réactionnaire, quelques mots vont l'expliquer. Dès qu'un homme a des droits et des devoirs en excès, sa liberté est compromise et il compromet celle de son frère, dont le devoir est de ressaisir sur-le-champ les droits ravis et de rétablir l'égalité rompue. Simple remarque que l'inintelligence ou l'égoïsme hideux, seuls, se refuseraient à comprendre et qui prouve clairement que la Révolution, l'harmonie ne peut résulter que des équilibres des droits et des devoirs et que ce que les hommes ont l'habitude d'appeler « une révolution » n'est qu'un effort de la Révolution elle-même, pour suivre son cours naturel.

XI.

O vous, courageux ouvriers de l'atelier, boutiquiers qui luttez contre l'usure et l'agio, placides rentiers, laboureurs pacifiques, propriétaires ou gens en places, vivez en paix. Cessez de craindre la Révolution. C'est la bienfaitrice de tous... Elle s'avance sur le char de la Liberté couronnée de bonheur, elle vous apporte à tous la paix dans la Fraternité... L'Egalité ferme sa marche.

N'écoutez plus les lâches, les timides et les exploiteurs essayant de l'arrêter en vous criant : « Gare l'Inconnu. »

Voilà le mot terrible, l'Inconnu. Oui, bonnes gens, voilà le dada des réactionnaires, l'Inconnu. Mais quand donc nous ont-ils menés vers le connu. Demain n'est pas à nous. Que ferons-nous dans un an ?

Quand une armée se met en mouvement pour le carnage, elle part vers un affreux inconnu. Maximilien allant au Mexique, avançait vers l'inconnu, Queratero. Pour quel *inconnu* fonctionne la conscription ; vers quel *inconnu* vont les milliards des budgets des peuples. Que fera-t-on de douze cent mille hommes de troupes, de tant de canons et de fusils...? *L'inconnu*, toujours l'*inconnu*. Ce qui paralyse les affaires, c'est l'*inconnu*. L'or gît dans les caves, effrayé par l'*inconnu*.

Qui tremble en face du scrutin béant? la réaction, parce qu'il recéle l'*inconnu*.

La Révolution seule est ferme et fière, marchant d'un pas assuré vers le *connu*, ne redoutant jamais cet *inconnu* qui épouvante les réactionnaires et que maladroitement ils viennent agiter comme épouvantail devant la Révolution.

XII.

Il est indubitable que la machine sociale étant dérangée depuis cent siècles, la Révolution a besoin de remettre les roues dans les engrenages, ce qu'elle fera sans difficulté si nulle main sacrilége ne se porte sur elle.

C'est cet *inconnu*, ce remaniement, ce redressement qui épouvante messieurs les peureux.

N'ayez pas peur, vous dis-je, « *et je vous promets tout... que la peur s'en aille.* »

C'est un tout petit problème; pour le résoudre, nous allons partir du *connu* et nous trouverons bien ce fameux *inconnu*.

Soyons avant tout rationnels ou rationnalistes. Comme il vous plaira. Quant à moi, je vous avertis que je ne veux pas introniser la déesse Raison; mais pourtant je suis rationnaliste, ce qui veut dire simplement :

Révolutionnaire.

Les affaires étant quelque peu embrouillées pour le quart d'heure, je rappelle le mot fameux du citoyen Briosne :

« Il faut une liquidation sociale. » Mot terrible qui épouvante les rentiers et tous les créanciers, sans compter les autres.

Quant aux calculs et aux chiffres, le citoyen Horn est en cela l'émule de M. Haussmann; il pourrait être consulté au besoin.

Des réformateurs voudraient démonter la machine tout entière pour la remonter ensuite. Ce sont des téméraires qui pourraient bien périr à l'œuvre. C'est la besogne de la Révolution ; laissons-la faire.

Abordons le *connu*.

Supposons un homme seul sur la terre ; la Liberté est son partage, l'Egalité n'est pas encore, la Fraternité est inutile. C'est l'individu, c'est l'atome social. Dès qu'il épouse une femme, l'association existe, et le bonheur des deux associés exige la Fraternité, qui n'est possible qu'avec l'Egalité.

L'homme a un vêtement à lui, des armes, des outils à lui, une terre à lui. C'est la propriété individuelle.

La femme a également son vêtement, ses armes et ses outils, sa terre, un berceau peut-être ; c'est encore la propriété individuelle. Les deux associés, qui ont bientôt une famille, possèdent en commum une maison, un lit, des meubles, que sais-je encore ; c'est la propriété collective ou d'association.

Cette famille ne peut occuper un globe ; à côté, il y a de la place, de la propriété. C'est la propriété commune ; une autre famille y vient prendre, puis une autre... C'est la famille humaine s'établissant et prenant individuellement et collectivement la propriété commune.

Tant qu'il y a possibilité de prendre, rien n'est difficultueux ; mais quand tout est pris, quand la propriété commune est épuisée, les nouveaux venus n'ont rien. Voilà les premiers révolutionnaires.

Il y a donc bien naturellement la propriété individuelle, la propriété collective et la propriété commune, qui est la source qui doit, de par ordre naturel, alimenter et fournir les deux autres.

Le premier travail de la Révolution fut la démolition de la propriété commune, ce qui m'a fait dire : « *Je suis démolisseur.* » La machine se dérangea le jour où il n'y eut plus de propriété commune et qu'il y eut des hommes qui ne purent posséder.

Si le bien-être se puisait à une source intarissable, ou la propriété à une commune sans limites, la Révolution serait une marée montante, et rien de plus ; mais puisqu'il y a une limite, la Révolution circule, tourne, c'est ce qui fait que c'est la Révolution, et ce qui exige que les engrenages s'emboîtent.

Un exemple :

Chacun connaît la circulation du sang. Si le sang artériel une fois épuisé n'était remplacé par le sang veineux, il y aurait trouble dans l'organisme et même mort. De même quand la propriété commune est épuisée, le remède est de la reconstituer et de l'alimenter. C'est simplement l'œuvre actuelle de la Révolution, ce que je résume en ces mots :

L'Individu, l'Association et la Commune.

Puisque l'égoïsme et la maladresse des hommes ne leur ont pas permis de découvrir cette vérité si simple, nous, à qui elle arrive, profitons-en, le moment est opportun. Il y a urgence : appliquons-la, ou la Révolution pourrait bien l'appliquer violemment.

L'homme a droit à la propriété individuelle : c'est une jouissance, c'est un besoin ; la garder, la conserver, l'embellir, l'améliorer est un grand devoir et un doux plaisir.

Les droits de l'homme sont transmissibles naturellement à ses enfants ; mais l'homme qui meurt sans famille perd sa propriété, qui fait retour à la commune.

Voilà la plaie. Elle vient de n'avoir pas alimenté la commune, de n'avoir pas fait circuler la propriété, le bien-être.

Faisons-le...

Ce qui revient à dire : la Révolution prend la société telle qu'elle est ; pour avancer vers sa marche régulière, établissons la Commune ou les communes solidaires et centralisées. Qu'une loi dise : « Les communes sont établies ; elles se composent de tous les biens publics et domaniaux ; elles s'alimentent de tous les biens des citoyennes et des citoyens qui meurent sans enfants.

Les propriétés individuelles aujourd'hui constituées ne reçoivent aucune atteinte, soit directe, soit indirecte. Elles garantissent la dette publique, qui est arrêtée pour toujours, divisée et répartie au marc le franc sur toutes les propriétés. Les propriétaires deviennent les gardiens bénéficiaires des propriétés qui répondent de la dette. La dette devra être payée en un nombre d'années déterminé. Les charges publiques porteront exclusivement sur la propriété, quelle qu'en soit la nature.

Les monnaies ne sont la propriété de personne en particulier, elles appartiennent à tous et sont dans les mains de la société tout entière sous la surveillance et la garde de l'Etat (1). Elles ne peuvent rapporter aucun intérêt. Le bon sens et l'expérience démontrant que l'intérêt de l'argent est contre la nature

(1) Il est bien entendu qu'il n'y aurait pas lieu à prendre l'argent des gens, chacun garderait ce qu'il aurait ou le déposerait à la Banque nationale où le capital serait garanti.

même de la chose. Une banque nationale protége la circulation de la monnaie publique et la conserve.

Les communes, les associations ou les individus peuvent recevoir ou conserver les économies de qui veut en faire.

Les communes étant l'héritier naturel des célibataires et des gens sans famille recevront toujours, soit les biens, soit les économies des uns et des autres à charge de pensions débattues et consenties.

Les chemins de fer, et tous les grands services publics font retour aux communes qui les exploiteront à leur profit. Les communes agiront comme individus faisant le plus de commerce possible, tant d'importation que d'exportation, leur mission étant essentiellement conservatrice, tout le superflu des besoins généraux leur fera retour sans léser les droits ni les besoins des individus.

Les communes acheteront et vendront des propriétés.

Leurs charges seront :

1° La protection de tous les citoyens en général;

2° Elles élevéront les orphelins, leur fourniront les éléments nécessaires à leur établissement en terres et maisons, s'ils veulent cultiver, en outils et ateliers s'ils veulent fabriquer. Un capital sera toujours fourni aux débutants dans la vie sociale.

Un impôt progressif, consenti par toute la nation, rétablira toujours l'équilibre et les revenus de la commune.

Les citoyens qui voudront vivre en communauté dans la commune en auront le droit. De même les citoyens qui voudront se grouper, s'associer pour l'action, en auront le droit absolu.

L'achat et la vente des terres et de toute propriété ne peut avoir lieu qu'entre l'individu et la commune, et non entre les individus. Un père chargé de famille aura des droits spéciaux dans la commune qui complétera l'établissement des enfants par des dotations suffisantes.

L'État ou le Gouvernement doit être une centralisation puissante et homogène émanée de la nation elle-même, établissant la solidarité des communes dont il pourra toujours casser les actes contraires à la Révolution.

Le pouvoir politique réside dans chaque individu ou dans son mandataire. La commune n'en exerce aucun.

La commune n'est qu'une forme de la propriété administrée par tous et ayant en elle-même tous les droits et les devoirs d'un individu.

Voilà l'Inconnu, voilà l'œuvre que la **Révolution** doit accomplir.

C'est la suppression, désormais permanente, la paix à l'intérieur et à l'extérieur, la justice dans les mains des citoyens, jurés à tour de rôle, la force et l'ordre publics aux mains de tous et sous la responsabilité de chacun.

L'instruction égale et complète; la suppression de tous les abus et tous les monopoles.

C'est la Fraternité parfaite.

Plus de compétitions entre les patrons et les ouvriers. **Les** travaux seront mieux faits, plus abondants, les terres mieux cultivées. Le bien-être matériel s'équilibrera, ira augmentant; plus de pauvres, plus de prisonniers, plus de voleurs, plus d'assins, plus de guillotine.

La séduction, la prostitution, l'infamie disparaîtront.

L'âge d'or, le paradis terrestre, seront enfin et pour toujours.

Les autres peuples nous imiteront et le bonheur deviendra universel.

Un service spécial serait organisé par les communes pour faciliter l'émigration de ceux qui voudraient tenter des aventures lointaines ou créer des colonies.

Il est bien entendu que je ne puis, dans une brochure restreinte, que poser des axiomes et indiquer l'œuvre. L'organisation et les détails comportent certains développements qui embrasseraient un ouvrage quelque peu volumineux.

Arrière donc les trembleurs et les fourbes, place à la Révolution bienfaisante. Que les Gorgias boivent, mangent et dorment; qu'ils laissent les hommes de cœur et honnêtes assister paisiblement à la marche de la Révolution réparatrice.

Peuples, sachez que les ennemis de la Révolution sont vos ennemis.

A ceux qui vous flattent et vous caressent en vous promettant des merveilles, répondez : « Que pouvez-vous donner qui n'émane du travailleur? Ne parlez pas de générosité, le travail seul est généreux, parce qu'il produit, et les gouvernements avec leurs budgets toujours insuffisants sont plus pauvres que l'ouvrier qui peut se suffire. Qui jette l'or ou les promesses pour obtenir un mandat fait mal. Un mandat est un ordre : que ce soit l'ordre d'obéir à la Révolution. »

Paris, ce 4 mai 1869.

THEOPHORE BUDAILLE.

Paris. — Typ. Gaillet, rue du Jardinet, 1.